Alte rheinische Küche

Alte rheinische Küche
Genehmigte Sonderausgabe
Autor: Lorenz Wiehlpütz für NOVA Libra medien, Köln
Layout & Satz: Derek Gotzen und Ulrike Jasser für NOVA Libra medien, Köln
Einbandgestaltung: Derek Gotzen für NOVA Libra medien, Köln

Printed in the EU

Inhalt

Einleitung

Die rheinische Küche ist deftig-kräftig. Man bekommt das auf den Teller, was das Rheinland selbst zu bieten hat, und das ist nicht wenig. Serviert werden auch Köstlichkeiten der angrenzenden Länder. Eingelegte Heringe oder frische Muscheln werden schon seit Jahrhunderten auf dem Schiffsweg aus den Niederlanden in das Rheinland gebracht und zu köstlichen Gerichten verarbeitet. Aber warum in die Ferne schweifen?
Das Rheinland ist trotz aller Rheinromantik eine quirlige Wirtschaftsregion mit den Hochburgen Köln und Düsseldorf. Trotz aller Betriebsamkeit mag es der Rheinländer gerne gemütlich. Was gibt es Schöneres als einen abendlichen Besuch in einem der vielen Brauhäuser, um sich an „Hämchen“ und einem „lecker Bier“ zu erfreuen? Eine weitere Spezialität ist natürlich der „Rievkoche“ (Reibekuchen), der am meisten „direk us de Pann“ mit Apfelmus und einer Scheibe Schwarzbrot geschätzt wird. Auch dicke Bohnen mit Speck oder „Knall“, eine Art Kartoffelauflauf, sind wichtige Bestandteile der rheinischen Küche.
Bleibt noch die Glaubensfrage Alt oder Kölsch? Wie auch immer, beiden Biersorten bleibt das obergärige Brauverfahren gemein. In diesem Kochbuch finden Sie eine Auswahl der beliebtesten und bewährtesten Rezepte der rheinischen Küche für alle Tage sowie feine Festgerichte.
Wir wünschen viel Spaß beim Nachkochen und Genießen!

Appetithäppchen

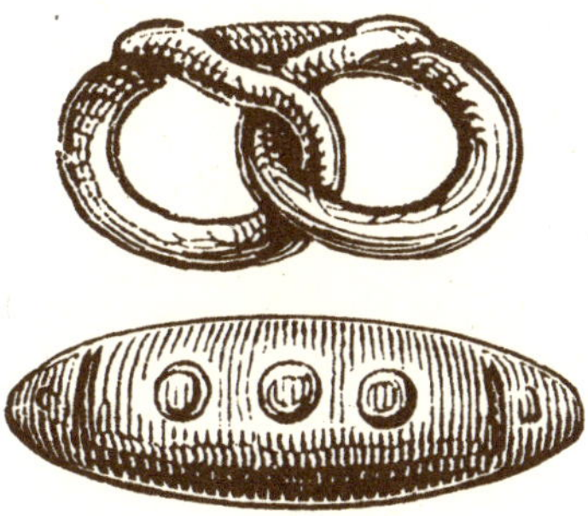

Mettbrötchen mit Zwiebeln

Für 4 Personen
Zubereitungszeit: 15 Minuten

Einkaufsliste/Zutaten

4 frische Brötchen
400 g Schweinemett
2 gehackte Zwiebeln
Salz
Weißer Pfeffer aus der Mühle

Zubereitung

Die Brötchen halbieren und mit dem Schweinemett bestreichen.

Servieren

Die gehackten Zwiebeln in eine flache Schale füllen und dazu reichen. Nun kann jeder, wie er mag, seine Brötchenhälfte mit der Mettseite in die gehackten Zwiebeln eintauchen. Mit Salz und Pfeffer würzen und zu einem frisch gezapften Bier genießen.

Merkzettel

Mettbrötchen mit Zwiebeln bieten nicht nur die ideale Grundlage für einen langen Abend im Brauhaus, sondern sind auch optimale „Helfer gegen den kleinen Hunger“ zwischendurch.

Kölsche Kaviar

Für 4 Personen
Zubereitungszeit: 15 Minuten

Einkaufsliste/Zutaten

1 Kranz frische Flöns (Blutwurst)
2 Zwiebeln, in feine Ringe geschnitten
4 Röggelchen
Senf

Zubereitung

Die Flöns aus der Haut pellen, schräg in Scheiben schneiden und auf Tellern anrichten.

Servieren

Die Zwiebelringe dazulegen und mit den Röggelchen servieren. Das Ganze wird mit scharfem Senf und einem frisch gezapften Glas Kölsch genossen.

Merkzettel

Flöns ist eine besondere Art von Blutwurst, die Grütze enthält (Grützwurst)

Soleier

Für 4 Personen
Zubereitungszeit: 20 Minuten (ohne Wartezeit)

Einkaufsliste/Zutaten

12 Eier
3 El Jodsalz
3 El Senfkörner
125 ml Weißweinessig
3 El brauner Zucker
1 Tl weiße Pfefferkörner
1 Tl schwarze Pfefferkörner
Essig
Öl
Senf

Zubereitung

Die 12 Eier 8 Minuten in Salzwasser hart kochen. Mit kaltem Wasser abschrecken. ½ l Wasser mit Jodsalz, Senfkörnern, Weißweinessig, Zucker und Pfefferkörnern zum Kochen bringen. Die Marinade erkalten lassen und in ein dekoratives Glas füllen. Die Schalen der Eier rundherum eindrücken, die Eier in das Glas zur Marinade geben und mindestens 24 Stunden im Sud ziehen lassen.

Servieren

Die Eier werden gepellt, halbiert und dann das Eigelb vorsichtig entfernt. Das so entstandene Loch füllt man je nach Geschmack mit Essig, Öl und Senf, legt das Eigelb umgekehrt wieder auf das Eiweiß und verspeist das Ganze mit einem Bissen.

Merkzettel

In vielen rheinischen Wirtshäusern steht ein Glas mit Soleiern auf der Theke.

Halver Hahn

Für 4 Personen
Zubereitungszeit: 15 Minuten

Einkaufsliste/Zutaten

4 Röggelchen
4 Scheiben mittelalter Holländer,
1 cm dick geschnitten
4 x 20 g Butter
Scharfer Mostert (scharfer Senf)

Zubereitung/Servieren

Jede Portion auf einem Teller anrichten und mit einem frisch gezapften Kölsch servieren.

Kartoffel- & Gemüsegerichte

Himmel un Äd

Für 4 Personen
Zubereitungszeit: 20 Minuten
Koch- & Bratzeit: 45 Minuten

Einkaufsliste/Zutaten

1 kg mehlig kochende Kartoffeln
Salz
1 kg Äpfel (Cox Orange oder hiesiger Berlepsch)
1 El Zucker
1 El Zitronensaft
500 g Zwiebeln
80 g durchwachsener Speck
3 El Butter
250 ml warme Milch
Frisch geriebene Muskatnuss
Weißer Pfeffer aus der Mühle
500 g Blutwurst, in 1 cm dicke Scheiben geschnitten

Garnierung

Gedünstete Apfelspalten

Vorküche

Die Kartoffeln schälen, waschen, vierteln und in Salzwasser garen. Die Äpfel schälen, Kerngehäuse entfernen und in Spalten schneiden. Mit Zucker und Zitronensaft auf kleiner Hitze gar dämpfen.

Zubereitung

Die Zwiebeln schälen und in feine Ringe schneiden. Den Speck würfeln und mit 1 El Butter in der Pfanne knusprig braten. Aus der Pfanne nehmen und im verbliebenen Fett die Zwiebelringe darin unter ständigem Wenden goldgelb braten. Die Kartoffeln abgießen und ohne Deckel etwas ausdämpfen lassen. Mit dem Kartoffelstampfer grob zerstoßen und nach und nach die warme Milch angießen. Mit 2 El Butter, Muskatnuss, Salz und Pfeffer abschmecken. Nun die gedünsteten Apfelspalten unter die gestampften Kartoffeln ziehen. Die Blutwurstscheiben im verbliebenen Fett in der Pfanne von jeder Seite etwa 2 Minuten braten.

Servieren

Das Kartoffelapfelmus auf einer Platte anrichten und mit der Speck-Zwiebel-Mischung belegen. Die Blutwurstscheiben um das Mus legen und noch heiß servieren.

Merkzettel

Himmel und Erde, rheinisch „Himmel un Äd“, ist ein klassisches Gericht des Rheinlands. Die Kartoffeln stehen für die Erde und die Äpfel für den Himmel.

Rievkoche

Für 4 Personen
Zubereitungszeit: 30 Minuten
Koch- & Bratzeit: 10 Minuten

Einkaufsliste/Zutaten

1 kg Kartoffeln
(je 500 g mehlig und 500 g fest kochend)
1 Zwiebel
2 Eier
Salz
Frisch geriebene Muskatnuss
Kartoffelstärke
Neutrales Öl zum Ausbacken

Garnierung

Apfelmus

Vorküche

Kartoffeln und Zwiebel schälen, waschen und auf der Küchenreibe in eine Schüssel reiben. Die Kartoffel-Zwiebel-Masse etwas ausdrücken. Eier, Salz und Muskatnuss zufügen und gut vermischen. Wenn der Teig zu flüssig ist, mit Kartoffelstärke etwas abbinden.

Zubereitung

Reichlich Öl in einer großen Pfanne erhitzen. Pro Reibekuchen einen guten Esslöffel Teig in das heiße Fett geben, flachdrücken und von beiden Seiten goldgelb ausbraten.

Servieren

Die Reibekuchen auf Küchenpapier abtropfen lassen und so heiß wie möglich servieren.
Dazu passen Apfelmus und eine Scheibe Schwarzbrot.

Merkzettel

Wer es besonders süß mag, kann seinen Reibekuchen mit Rübenkraut bestreichen. Dazu passt als Getränk ein heißer Milchkaffee.

Spargel mit Salzkartoffeln und gekochtem Schinken

Für 4 Personen
Zubereitungszeit: 30 Minuten
Kochzeit: 40 Minuten

Einkaufsliste/Zutaten

1 kg Spargel
500 g neue Kartoffeln
Salz
1 Prise Zucker
200 g Butter
8 Scheiben gekochter Schinken
3 El gehackte Petersilie
Küchengarn

Garnierung

Einige Petersilienblättchen

Vorküche

Den Spargel mit einem Spargelschäler sorgfältig von oben nach unten schälen und alle holzigen Enden abschneiden. In 4 Portionen teilen und mit Küchengarn zusammenbinden. In ein feuchtes Leinentuch wickeln und im Kühlschrank aufbewahren.
Die Kartoffeln mit der Schale in Salzwasser etwa 20 Minuten garen, pellen und bis zum Verzehr warm stellen.

Zubereitung

Für den Spargel in einem großen Topf reichlich Salzwasser zum Kochen bringen. Mit einer Prise Zucker abrunden und den geschälten Spargel darin etwa 15 Minuten kochen. Er soll noch Biss haben.
Die Butter in einem kleinen Töpfchen bei milder Hitze schmelzen.

Servieren

Den Spargel mit den Kartoffeln und den Schinkenscheiben auf vorgewärmten Tellern anrichten. Mit Butter übergießen und mit Petersilie bestreut servieren. Dazu passt ein Riesling von der Mosel.

Merkzettel

Pro Person rechnet man 250 g Spargel und je 2 Scheiben gekochten Schinken, nicht zu dünn geschnitten.

Knall

Für 4 Personen
Zubereitungszeit: 30 Minuten
Koch- & Backzeit: 2 Stunden

Einkaufsliste/Zutaten

2 kg Kartoffeln
3 Zwiebeln
4 Eier
Salz
Weißer Pfeffer aus der Mühle
Öl
200 g durchwachsener,
in dünne Scheiben geschnittener Speck
Butter

Garnierung

Gebratene Speckwürfel

Vorküche

Die Kartoffeln schälen, waschen und auf der Küchenreibe fein reiben. In ein Leinentuch geben und gut ausdrücken. Das ausgetretene Kartoffelwasser auffangen. Warten, bis sich die Stärke am Boden abgesetzt hat, das Wasser abgießen und die Stärke zur Kartoffelmasse geben. Die Zwiebeln fein würfeln, zur Kartoffelmasse geben, mit den Eiern vermischen und mit Salz und Pfeffer herzhaft abschmecken.

Zubereitung

Eine große, hohe Auflaufform mit Öl auspinseln.
Eine Lage Speckscheiben auf dem Boden verteilen. Darauf eine Lage Kartoffelmasse einfüllen und so fortfahren, bis alle Zutaten aufgebraucht sind. Butterflöckchen auf den Auflauf setzen.
Im auf 200 °C vorgeheizten Backofen etwa 2 Stunden backen.
Sollte die Oberfläche zu braun werden, mit Alufolie abdecken.

Servieren

Zum Servieren den Knall in Scheiben schneiden und mit gebratenen Speckwürfeln garnieren. Zu dieser Spezialität passen ein grüner Salat oder selbst gemachtes Apfelkompott.

Merkzettel

Bleiben von dem Knall Reste übrig, so kann man sie am nächsten Tag in Scheiben geschnitten in der Pfanne braten.

Endivienjemangs

Für 4 Personen
Zubereitungszeit: 15 Minuten
Koch- & Bratzeit: 20 Minuten

Einkaufsliste/Zutaten

700 g Kartoffeln
1 großer Endiviensalat
4 Scheiben Speck, etwa 1 cm dick
200 g Sahne
Salz
Weißer Pfeffer aus der Mühle
Frisch geriebene Muskatnuss

Garnierung

Gebratene Speckscheiben

Vorküche

Die Kartoffeln schälen, vierteln und in Salzwasser etwa 20 Minuten garen. Den Endiviensalat putzen, die äußeren Blätter entfernen und in hauchfeine Streifen schneiden. Waschen und gründlich trockenschleudern. In einer großen Pfanne die Speckscheiben von beiden Seiten braun braten.

Zubereitung

Die Kartoffeln abgießen. Sahne, Salz, Pfeffer und Muskatnuss zufügen und grob stampfen. Nach und nach den Endiviensalat unterheben.

Servieren

Die Kartoffel-Endivien-Masse in eine vorgewärmte Schüssel geben und die Speckscheiben oben auflegen. Dazu schmeckt ein kühles Bier.

Merkzettel

„Jemangs“ ist ein rheinischer Ausdruck und bedeutet frei übersetzt „Vermengtes“.

Kartoffelsalat mit Speck

Für 4 Personen
Zubereitungszeit: 20 Minuten
Kochzeit: 30 Minuten

Einkaufsliste/Zutaten

1 kg Kartoffeln
1 El Kümmel
100 g durchwachsener, fein gewürfelter Speck
2 fein gewürfelte Zwiebeln
2 El Öl
2 saure, fein gewürfelte Gurken
4 El Petersilie, fein gewiegt
1 El Weißweinessig
2 El Gurkeneinmachsaft
Salz
Weißer Pfeffer aus der Mühle
Etwa 1 Tl Zucker

Garnierung

Hart gekochte Eier, grob gehackt

Vorküche

Die Kartoffeln waschen und mit dem Kümmel in einen Topf geben. So viel Wasser angießen, dass die Kartoffeln bedeckt sind. Aufkochen und bei mittlerer Hitze etwa 30 Minuten köcheln lassen. In dieser Zeit Speck und Zwiebeln in heißem Öl ausbraten.

Zubereitung

Speck und Zwiebeln mit allen anderen Zutaten in eine Schüssel geben und gut vermischen. Die Kartoffeln abgießen und noch heiß pellen. In Scheiben schneiden und zu den anderen Zutaten in die Schüssel geben.
Alles gut miteinander vermischen und mit Zucker abschmecken.

Servieren

Den Kartoffelsalat mit einem Stück gebratener Blutwurst und mit hart gekochten Eiern noch warm servieren.

Merkzettel

Beim Kartoffelsalat hat jede Hausfrau ihr so genanntes „Geheimrezept“. Man kann je nach Belieben gewürfelte Fleischwurst dazugeben.

Fitschbunne

Für 4 Personen
Zubereitungszeit: 15 Minuten
Kochzeit: 30 Minuten

Einkaufsliste/Zutaten

600 g Kartoffeln
1 kg sauer eingelegte Fassbohnen
2 Zwiebeln
250 g durchwachsener, magerer Speck
2 El Schmalz
2 El Mehl
Salz
Schwarzer Pfeffer aus der Mühle

Garnierung

Einige Petersilienblättchen

Vorküche

Kartoffeln schälen, grob würfeln und mit den Bohnen in wenig Salzwasser etwa 30 Minuten auf kleiner Flamme garen.

Zubereitung

Zwiebeln und Speck fein würfeln und in Schmalz anbraten. Das Mehl darüber stäuben und verrühren. Mit dieser Schwitze das Kartoffel-Bohnen-Gemisch binden. Herzhaft mit Salz und Pfeffer abschmecken und mit Petersilienblättchen garnieren.

Servieren

Zu den Fitschbunne passen panierte Halskoteletts oder frisch gebratene grobe Bratwurst.

Merkzettel

Bohnen sollten immer gekocht verzehrt werden, weil beim Kochen das unbekömmliche Phasin zerstört wird.

Suppen & Eintöpfe

Erbsensuppe mit Flöns

Für 4 Personen
Zubereitungszeit: 20 Minuten (ohne Wartezeit)
Koch- & Bratzeit: 1½ Stunden

Einkaufsliste/Zutaten

200 g getrocknete gelbe Erbsen
1 Stange Lauch
1 Möhre
1 Zwiebel
¼ Knollensellerie
250 g Kartoffeln
400 g durchwachsener Speck
1½ l Fleischbrühe
400 g Flöns
Salz
Weißer Pfeffer aus der Mühle
1 Tl Majoran

Garnierung

Gebratene Speckwürfel

Vorküche

Die Erbsen am Vorabend in kaltem Wasser einweichen. Das Gemüse putzen und klein schneiden. Kartoffeln und Speck in Würfel zerteilen.

Zubereitung

Die Erbsen in der ungesalzenen Fleischbrühe etwa eine Stunde kochen lassen. Alle Zutaten bis auf Speck, Zwiebel und Flöns in die Suppe geben und eine weitere halbe Stunde köcheln lassen. Herzhaft mit Salz, Pfeffer und Majoran abschmecken. Speckwürfel in einer Pfanne ausbraten, die Zwiebeln dazugeben, bräunen und zur Suppe geben.
Im restlichen Bratfett die in Scheiben geschnittene Flöns braten.

Servieren

Die Erbsensuppe portionsweise in vorgewärmte Suppenteller geben und heiß servieren. Die Flöns separat anrichten und als Beilage zur Suppe reichen.

Merkzettel

Erbsen sollten roh nur maßvoll verzehrt werden, da sie Lectine enthalten, die Entzündungen verursachen können, aber durch das Kochen zerstört werden.

Sommerliche Tomatensuppe

Für 4 Personen
Zubereitungszeit: 30 Minuten
Kochzeit: 20 Minuten

Einkaufsliste/Zutaten

750 g reife Strauchtomaten
1 Zwiebel
1 Bund Petersilie
1 Bund Schnittlauch
1 Bund Basilikum
¼ l Sahne
1 El gekörnte Gemüsebrühe
Salz
Schwarzer Pfeffer aus der Mühle
1 El Zucker
4 cl trockener Weißwein

Garnierung

Einige Basilikumblättchen

Vorküche

Mit einem scharfen Messer den Strunk aus den Tomaten herausschneiden. Auf der anderen Seite die Haut über Kreuz einritzen. Kurz in sprudelnd kochendes Wasser geben, mit dem Schaumlöffel herausheben und sofort mit kaltem Wasser abschrecken. Die Tomaten enthäuten. Die Zwiebel schälen und in Würfel schneiden. Petersilie, Schnittlauch und Basilikum waschen, gut trockenschleudern und bis auf einige Basilikumblättchen fein hacken.

Zubereitung

Tomaten mit den Zwiebelwürfeln in ein hohes Gefäß geben und mit dem Stabmixer pürieren. Die Sahne zufügen und gut vermischen. Alles in einen Topf füllen und die restlichen Gewürze und Zutaten dazugeben. Die Suppe erwärmen, ohne sie zum Kochen zu bringen.

Servieren

Servieren Sie die Tomatensuppe mit Basilikumblättern bestreut in Suppentassen. Reichen Sie dazu leicht getoastete Weißbrotscheiben.

Merkzettel

Die im Winter angebotenen Tomaten sind oft weniger süß und aromatisch. Gibt man beim Kochen etwas Zucker hinzu, schmecken sie gleich „sommerlicher".

Höhnerzupp

Für 4 Personen
Zubereitungszeit: 20 Minuten
Koch- & Bratzeit: 3 Stunden

Einkaufsliste/Zutaten

1 Suppenhuhn (etwa 1½–2 kg)
1 große Zwiebel
2 Möhren
250 g Knollensellerie
2 Stangen Lauch
3 Wacholderbeeren
Salz
Weißer Pfeffer aus der Mühle
1 Prise Muskatnuss

Für die Suppeneinlage

1 Möhre
1 Stange Lauch
¼ Sellerieknolle (etwa 80 g)

Garnierung

Petersilienblättchen

Vorküche

Das Suppenhuhn gründlich waschen. In einen ausreichend großen Topf geben und mit kaltem Wasser bedecken. Die Zwiebel ungeschält halbieren und mit der Schnittfläche nach unten in eine Pfanne ohne Fett setzen. Die Zwiebelunterseite bei starker Hitze fast schwarz bräunen. Das Gemüse waschen, putzen und in Stücke schneiden. Mit der gebräunten Zwiebel und den Wacholderbeeren zum Huhn geben.

Zubereitung

Die Suppe ohne Deckel zum Kochen bringen und bei mittlerer Hitze 2–3 Stunden köcheln lassen. Das Huhn aus der Suppe nehmen und auskühlen lassen. Nun die Haut und Knochen entfernen und das Fleisch in kleine Stücke schneiden. Für die Suppeneinlage das Gemüse putzen und sehr fein schneiden. In die Brühe geben, kurz aufkochen und weitere 15 Minuten köcheln lassen. Das klein geschnittene Hühnerfleisch wieder zufügen und mit weißem Pfeffer, Muskatnuss und Salz abschmecken.

Servieren

Die Suppe portionsweise in vorgewärmte Suppenteller geben und mit Petersilienblättchen bestreuen. Noch heiß servieren.

Merkzettel

Hühnersuppe ist ein hervorragendes Mittel zur Bekämpfung von Erkältungskrankheiten. Durch die stark gebräunte Zwiebel bekommt die Suppe eine goldene Farbe.

Weiße Bohnensuppe mit Mettwürstchen

Für 4 Personen
Zubereitungszeit: 20 Minuten (ohne Wartezeit)
Kochzeit: 2 Stunden

Einkaufsliste/Zutaten

400 g getrocknete weiße Bohnen
1 Stange Lauch
1 Möhre
¼ Knollensellerie (etwa 80 g)
1 Zwiebel
500 g Kartoffeln
1 Bund Bohnenkraut
Salz
Schwarzer Pfeffer aus der Mühle
4 geräucherte Mettwürstchen
1 El Tomatenmark
1 Prise Zucker

Garnierung

Kleine Scheiben dunkles Steinofenbrot

Vorküche

Die Bohnen am Abend zuvor waschen und in kaltem Wasser einweichen. Am nächsten Tag im Einweichwasser bei kleiner Hitze 1½ Stunden köcheln lassen.

Zubereitung

Das Gemüse, Kartoffeln, Bohnenkraut, Gewürze und die Mettwürstchen zufügen und weitere 30–40 Minuten köcheln lassen. Mit Tomatenmark und Zucker abschmecken.

Servieren

Vor dem Servieren die Mettwürstchen in Stücke schneiden und mit der Suppe in tiefen Tellern zu Tisch bringen. Dazu schmeckt eine Scheibe kräftiges Steinofenbrot.

Merkzettel

Bohnen sind besonders nahrhaft, aber auch schwer verdaulich. Sie zählen zu den ältesten Kulturpflanzen und bieten eine Vielfalt an kulinarischen Variationsmöglichkeiten.

Kartoffelsuppe mit Wurst

Für 4 Personen
Zubereitungszeit: 20 Minuten
Koch- & Bratzeit: 45 Minuten

Einkaufsliste/Zutaten

100 g durchwachsener Speck
1 Stange Lauch
1 Möhre
¼ Knollensellerie (etwa 80 g)
1 Zwiebel
1 l Fleischbrühe
1½ kg mehlig kochende Kartoffeln
Salz
Schwarzer Pfeffer aus der Mühle
1 Tl getrockneter Majoran
4 Siedewürstchen

Garnierung

2 El fein gehackte Petersilie

Vorküche

Den Speck würfeln und in einem Topf auslassen.
Das geputzte und klein gewürfelte Gemüse darin andünsten.
Mit der Fleischbrühe aufgießen und aufkochen lassen.

Zubereitung

Die Kartoffeln waschen, schälen, würfeln und zu der Suppe geben.
Das Ganze etwa 30 Minuten köcheln lassen.
Mit einem Stampfer die Kartoffeln in der Suppe stampfen.
Mit Salz, Pfeffer und Majoran abschmecken. Die Siedewürstchen
in die Suppe legen und kurz heiß werden lassen.

Servieren

Die Suppe in Suppenschalen verteilen und je ein Siedewürstchen
dazugeben. Mit der gehackten Petersilie bestreuen
und noch heiß servieren.

Merkzettel

Schmackhafter als die bei uns gebräuchliche
krause Petersilie ist ihre glattblättrige Verwandte.

Bierzupp

Für 4 Personen
Zubereitungszeit: 10 Minuten
Koch- & Bratzeit: 15 Minuten

Einkaufsliste/Zutaten

1 l Bier (Kölsch oder Alt)
4 Eier
2 El Butter
4 Scheiben Weißbrot ohne Rinde
Salz
1 Prise Muskatnuss

Garnierung

Einige Petersilienblättchen

Vorküche

Das Bier in einen Topf füllen und langsam erhitzen. Es darf auf keinen Fall kochen. Die Eier in einer Schüssel verschlagen. 1 El Butter im Bier schmelzen lassen.

Zubereitung

Das Weißbrot in Würfel schneiden und in der restlichen Butter anrösten. Auf Suppentellern gleichmäßig verteilen. Die verrührten Eier in das heiße Bier gießen und umrühren. Mit Salz und frisch geriebener Muskatnuss würzen.

Servieren

Die Suppe auf die Teller verteilen, mit den Petersilienblättchen bestreuen und heiß servieren.

Merkzettel

Altbier oder Kölsch? Hier scheiden sich die Geister. Beide Biersorten haben jedoch eines gemeinsam: Sie sind obergärig gebraut. Das heißt, es wird bei einer Gärtemperatur von 15–20 °C gebraut. Die untergärigen Biersorten (Pils, Export, Bock, Doppelbock, Hell, Märzen und Lager) haben eine Gärtemperatur von nur 4–9 °C.

Fleischgerichte

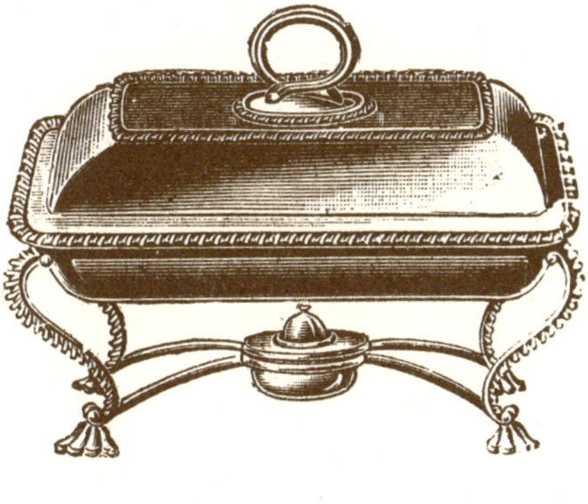

Rheinischer Sauerbraten

Für 4 Portionen
Zubereitungszeit: 30 Minuten (ohne Wartezeit)
Koch- & Bratzeit: 2½ Stunden

Einkaufsliste/Zutaten

1 kg Rindfleisch aus der Oberschale

Für die Marinade

250 ml Rotweinessig
4 Nelken
2 Lorbeerblätter
10 Wacholderbeeren
1 Tl Senfkörner
½ Tl Pfefferkörner
2 geschälte und grob gehackte Zwiebeln

Für die Soße

1 El Butterschmalz
2 fein gewürfelte Zwiebeln
100 g Rosinen
3 El Rübenkraut
Salz
Schwarzer Pfeffer aus der Mühle
1 Tl Speisestärke

Garnierung

Apfelmus

Vorküche

Rotweinessig, 50 ml Wasser und die Gewürze in einen Topf geben, kurz aufkochen und abkühlen lassen. Das Rindfleisch unter fließendem Wasser abwaschen und trockentupfen. In eine große Schüssel legen, mit den gehackten Zwiebeln bestreuen und die Marinade darüber gießen. Mit Frischhaltefolie abdecken und an einem kühlen Ort 4–5 Tage marinieren lassen. Das Fleisch hin und wieder wenden.

Zubereitung

Das Fleisch aus der Schüssel heben und gut abtropfen lassen. Die Marinade abgießen und auffangen. Butterschmalz in einem Bräter erhitzen und das Fleisch von allen Seiten kräftig anbraten. Zwiebeln, Rosinen und 1 Tasse von der Marinade zugeben. Das Rübenkraut, Salz und Pfeffer zum Fleisch geben und alles etwa 1½ Stunden im geschlossenen Bräter schmoren lassen. Hin und wieder etwas Wasser oder Marinade nachgießen. Nach Ende der Garzeit das Fleisch aus dem Topf heben. Die Soße mit der in Wasser aufgelösten Speisestärke binden. Abschmecken und gegebenenfalls mit Salz, Pfeffer und Rübenkraut nachwürzen.

Servieren

Das Fleisch mit einem Elektromesser in dünne Scheiben schneiden. Auf Tellern anrichten und mit Kartoffelklößen und dem Apfelmus noch heiß servieren. Als Getränk schmeckt ein Glas trockener Rotwein.

Merkzettel

Eine besondere Note erhält die Soße durch einige Gewürzprinten, die in kleinen Stücken in die Soße gegeben werden.

Rinderschmorbraten

Für 4 Portionen
Zubereitungszeit: 20 Minuten (ohne Wartezeit)
Koch- & Bratzeit: etwa 2 Stunden

Einkaufsliste/Zutaten

1 kg Rindfleisch vom Bug
500 ml Buttermilch
40 g Butterschmalz
2 grob gehackte Zwiebeln
Salz
Schwarzer Pfeffer aus der Mühle
Frisch geriebene Muskatnuss
125 ml saure Sahne
1 El Speisestärke

Garnierung

Petersilienblättchen

Vorküche

Das Fleisch unter fließendem Wasser abwaschen und gut trockentupfen. In eine Schüssel legen, mit Dreiviertel der Buttermilch übergießen und 3–4 Stunden ziehen lassen. Das Fleisch wird dadurch besonders zart.

Zubereitung

Das Fleisch aus der Schüssel nehmen und gut abtrocknen. Das Butterschmalz in einem Bräter erhitzen und das Fleisch von allen Seiten darin kräftig anbraten. Die gehackten Zwiebeln dazugeben, ebenfalls kräftig anbraten und den Rest der Buttermilch dazugießen. Kräftig mit Salz, Pfeffer und Muskatnuss würzen. Den Deckel auf den Bräter setzen und alles bei schwacher Hitze etwa 1½ Stunden schmoren lassen. Das Fleisch aus dem Bräter heben und warm stellen. Die saure Sahne zum Bratenfond geben und alles kurz aufkochen lassen. Das Stärkemehl mit etwas Wasser verrühren und die Soße damit abbinden. Soße abschmecken und gegebenenfalls nachwürzen. Das Fleisch in Scheiben schneiden.

Servieren

Die Fleischscheiben auf einer Platte anrichten, mit der Soße übergießen und einige Petersilienblättchen darüber streuen. Als Beilage passen Salzkartoffeln und ein frischer Blattsalat. Als Getränk schmeckt ein kühles Bier.

Merkzettel

Restliche Fleischscheiben schmecken auch gut kalt auf einer Scheibe Schwarzbrot.

Saure Schweinenierchen

Für 4 Personen
Zubereitungszeit: 20 Minuten (ohne Wartezeit)
Koch- & Bratzeit: 20 Minuten

Einkaufsliste/Zutaten

4 Schweinenierchen
500 ml Milch
5 El Weinessig
1 El Butterschmalz
2 geschälte und gewürfelte Zwiebeln
2 geschälte und gewürfelte Möhren
1 El Speisestärke
250 ml Gemüsebrühe
Salz
Weißer Pfeffer aus der Mühle
1 Prise Zucker

Garnierung

8 halbierte Radieschen

Vorküche

Die Nierchen unter fließendem Wasser abwaschen, trockentupfen und für 3–4 Stunden in der Milch ziehen lassen. Die Milch abgießen, die Nierchen aufschneiden und alle weißen Teile gründlich entfernen. Die Nierchen in Streifen schneiden. In einem Topf Salzwasser mit 3 El Weinessig zum Kochen bringen und die Nierchen darin kurz aufkochen lassen, abgießen und trockentupfen.

Zubereitung

Das Butterschmalz in einem Bräter erhitzen und die Zwiebeln mit den Nierchen darin scharf anbraten. Die Möhrenwürfel dazugeben. Mit Speisestärke bestäuben und die Gemüsebrühe angießen. Den restlichen Essig dazugießen. Alles nochmals aufkochen lassen und mit einer Prise Zucker abschmecken.

Servieren

Die Nierchen auf Tellern anrichten und mit den Radieschen garnieren. Reichen Sie die Nierchen mit Kartoffelpüree und frischem Apfelkompott.

Merkzettel

Achten Sie beim Einkauf unbedingt darauf, dass die Nierchen von jungen Tieren stammen. Sie können auch Nieren von Kalb oder Lamm verwenden.

Stallhas

Für 4 Personen
Zubereitungszeit: 30 Minuten
Koch- & Bratzeit: 1–1½ Stunden

Einkaufsliste/Zutaten

1 Kaninchen (etwa 1 kg)
Salz
Schwarzer Pfeffer aus der Mühle
60 g in Scheiben geschnittener Speck
100 g Butter
250 ml saure Sahne
1 El Speisestärke
Küchengarn

Garnierung

Preiselbeerenmus

Vorküche

Das Kaninchen waschen, trockentupfen und von allen Häuten und Fettanteilen befreien. Mit einem starken Messer oder Küchenbeil Vorder- und Hinterläufe abtrennen und den Rücken halbieren.
Die Bauchlappen an den Rückenstücken mit Küchengarn verschnüren.

Zubereitung

Die Fleischstücke kräftig salzen und pfeffern, in einen Bräter legen und mit den Speckscheiben bedecken. Die Butter zerlassen und über das Fleisch gießen. In dem auf 180 °C vorgeheizten Backofen unter ständigem Begießen 60–90 Minuten braten. Falls nötig, etwas Wasser oder heiße Fleischbrühe zugeben. Nach Ende der Garzeit das Kaninchen aus dem Bräter nehmen und warm stellen. Die Sahne in den Bratensatz geben und kurz aufkochen lassen. Die Speisestärke mit etwas Wasser glatt rühren und damit die Soße abbinden. Die Soße abschmecken, gegebenenfalls salzen, pfeffern und in eine Sauciere gießen.

Servieren

Die Kaninchenstücke auf einer Fleischplatte anrichten und Kartoffelklöße und Rotkohl dazu reichen.

Merkzettel

Kaninchen sind schon nach etwa 3 Monaten schlachtreif.
Ältere Exemplare verfügen jedoch über mehr Eigengeschmack.
Kaninchenfleisch ist sehr bekömmlich, weil es besonders fettarm und zart ist.

Gefüllte Rinderrouladen

Für 4 Personen
Zubereitungszeit: 20 Minuten
Koch- & Bratzeit: 50 Minuten

Einkaufsliste/Zutaten

4 dünne Rindfleischscheiben
Salz
Schwarzer Pfeffer aus der Mühle
1 Zwiebel
4 dünne Scheiben Speck
2 kleine saure Gurken
40 g Mehl
4 El saure Sahne
Butter

Garnierung

Einige Tomatenscheiben

Vorküche

Das Fleisch unter fließendem Wasser abwaschen, trockentupfen, salzen und pfeffern. Die Zwiebel schälen und sehr fein hacken. Saure Gurken in feine Streifen schneiden. Je eine Scheibe Speck auf die Fleischscheiben legen und mit der fein gehackten Zwiebel und einigen Gurkenstreifen belegen. Die Fleischscheibe aufrollen, zusammenklammern und in Mehl wenden.

Zubereitung

In einem Topf die Butter anbräunen und die Rouladen darin rundum anbraten. 2 Tassen heißes Wasser angießen und im geschlossenen Topf etwa 45 Minuten schmoren lassen. Nach Ende der Garzeit die saure Sahne verquirlen und über die Rouladen gießen. Nochmals kurz dünsten lassen. Die Rouladen herausnehmen, die Klammern entfernen und die Soße mit etwas Mehl binden.

Servieren

Die Rouladen auf Tellern anrichten, mit je einer Portion Soße übergießen und mit Tomatenscheiben garnieren. Als Beilage passen Salzkartoffeln und fein geschnittener Endiviensalat.

Merkzettel

Bei der Rouladenfüllung sind der Phantasie keine Grenzen gesetzt. Man kann z.B. zusätzlich auch Bratwurstbrät verwenden. Übrig gebliebene Rouladen lassen sich gut einfrieren und sind damit für eine schnelle Mahlzeit gut geeignet.

Schweinebraten mit Kruste

Für 4 Personen
Zubereitungszeit: 30 Minuten
Koch- & Bratzeit: 1¾ Stunden

Einkaufsliste/Zutaten

1 kg Schweinefleisch mit Schwarte
(Schulter oder Hals)
1 Tl Nelken
1 Zwiebel
2 Lorbeerblätter
2 Knoblauchzehen
½ Tl Honig
½ Tl Senf
½ Tl Tomatenmark
Salz
Schwarzer Pfeffer aus der Mühle
Zucker
125 ml Bier

Garnierung

Radieschenscheiben

Vorküche

Das Fleisch unter fließendem Wasser abwaschen und mit einem Küchenhandtuch trockentupfen. Mit einem scharfen Messer die Schwarte rautenförmig bis auf das Fleisch einschneiden. Nelken in die Schnittpunkte hineinstecken.

Zubereitung

Das Fleisch mit der Schwarte nach oben in einen Bräter legen. Die Zwiebel schälen, vierteln und mit den Lorbeerblättern zu dem Fleisch geben. Die Knoblauchzehen schälen, zerdrücken und mit Honig, Senf, Tomatenmark, den Gewürzen und etwas Bier verrühren. Mit einem Teil dieser Paste den Braten bestreichen. 250 ml Salzwasser zum Kochen bringen und den Braten mit der Hälfte des Wassers angießen. Alles in den auf 180 °C vorgeheizten Backofen stellen. Ab und zu mit der restlichen Paste bestreichen. Nach einer Stunde die Temperatur auf 220 °C erhöhen und eine weitere ½ Stunde garen lassen. Den Bratenfond mit weiteren 250 ml kochenden Salzwassers auffüllen und das Fleisch immer wieder mit dem Bratensaft übergießen.
Damit die Kruste schön kross wird, zum Ende der Garzeit den Braten mehrmals mit dem restlichen Bier bepinseln. Kurz vor Schluss die Temperatur auf 250 °C erhöhen und die Kruste vollständig bräunen lassen. Den Braten herausnehmen und warm stellen. Den Bratenfond mit etwas heißem Wasser aufkochen, durch ein Sieb passieren, abschmecken und gegebenenfalls nachwürzen.

Servieren

Den Braten in Scheiben schneiden und auf einer Fleischplatte mit Radieschenscheiben anrichten. Die Soße separat dazu reichen. Als Beilage schmeckt eine Portion Kartoffelsalat.

Merkzettel

Dieses gehaltvolle Essen wärmt an kalten Wintertagen Leib und Seele.

Rindfleisch mit Meerrettichsoße

Für 4 Personen
Zubereitungszeit: 30 Minuten
Koch- & Bratzeit: 2 Stunden

Einkaufsliste/Zutaten

1 kg Rindfleisch
2 Sandknochen
1 Bund Suppengrün
1 Zwiebel
1 Lorbeerblatt
2 Nelken
1 El Butter
1 El Mehl
2 Eier
125 ml Milch
100 g geriebener Meerrettich
Salz
Pfeffer

Garnierung

Rote-Bete-Salat

Vorküche

Das Fleisch und die Knochen unter fließendem Wasser gründlich waschen und überschüssiges Fett entfernen. Das Suppengrün klein schneiden, Zwiebel mit dem Lorbeerblatt und den Nelken spicken und das Suppengrün mit der Zwiebel in etwa 2 l Wasser zum Kochen bringen.

Zubereitung

Das Rindfleisch und die Suppenknochen in das kochende Wasser legen und bei mäßiger Hitze etwa 2 Stunden sieden lassen. Das Fleisch aus der Brühe heben und die Brühe bis auf 400 ml abgießen. Die Butter zerlassen, das Mehl darin anschwitzen und die restliche Brühe angießen. Die Soße etwas einkochen lassen. Die Eier mit der Milch verquirlen und in die Soße einrühren. Zum Schluss den geriebenen Meerrettich hinzugeben und mit Salz und Pfeffer würzen.

Servieren

Das Fleisch in gleichmäßige Scheiben schneiden, auf vorgewärmten Tellern anrichten und mit der Soße überziehen. Dazu reicht man Salzkartoffeln und einen Rote-Bete-Salat.

Merkzettel

Meerrettich darf nicht gekocht werden, da er sonst seine schöne Schärfe verliert.

Kasseler Braten

Für 4 Personen
Zubereitungszeit: 15 Minuten
Koch- & Bratzeit: 1½ Stunden

Einkaufsliste/Zutaten

1 kg Kasseler Rippenspeer
(geräuchertes Rippenstück)
1 Möhre
1 Zwiebel
1 Lorbeerblatt
3 Nelken
5 schwarze Pfefferkörner
250 ml Rotwein
1 Tl Speisestärke
Salz
Schwarzer Pfeffer aus der Mühle

Garnierung

Gehackte Petersilie

Vorküche

Das Fleisch abwaschen und trockentupfen. Möhre putzen und stiften.
Die Zwiebel schälen und grob würfeln.

Zubereitung

Das Fleisch mit der Fettseite in einen Bräter legen und ¼ l heißes Wasser angießen. Die Möhre, die gewürfelte Zwiebel und die Gewürze hinzufügen. In den auf 200 °C vorgeheizten Backofen geben und 1 Stunde garen. Das Fleisch während dieser Zeit regelmäßig mit dem Bratensaft begießen. Falls notwendig, etwas Wasser nachgießen. Den Braten aus dem Bräter nehmen und warm stellen.
Den Bratenfond mit dem Rotwein ablöschen. Die Speisestärke mit etwas Wasser glatt rühren und den Bratenfond damit abbinden. Die Soße durch ein Sieb passieren und gegebenenfalls nachwürzen.

Servieren

Das Fleisch mit einem Elektromesser in gleichmäßige Scheiben schneiden und auf einer Platte mit der Petersilie anrichten. Die Soße über die Fleischscheiben geben und mit Salzkartoffeln servieren.
Als Gemüsebeilage schmeckt eine Portion Rosen- oder Rotkohl.

Merkzettel

Kasseler schmeckt auch gut kalt aufgeschnitten mit einer Scheibe kräftigem Landbrot und einer Portion scharfem Senf.

Kotelett nach Köbes-Art

Für 4 Personen
Zubereitungszeit: 10 Minuten
Koch- & Bratzeit: 20 Minuten

Einkaufsliste/Zutaten

4 Schweinekoteletts (je 250g)
Zironensaft
40 g Butter
Salz
Weißer Pfeffer aus der Mühle

Für die Soße

3 El Senf
3 Eigelbe
250 ml Sonnenblumenöl
3 fein gehackte Cornichons
1 El gehackte Petersilie
1 El Schnittlauchröllchen
Salz
Weißer Pfeffer aus der Mühle
1 Tl Zitronensaft

Garnierung

Saure Gurkenscheiben

Vorküche

Die Koteletts waschen, trockentupfen und überschüssiges Fett entfernen. Zwischen Knochen und Fleisch etwas einschneiden und einige Tropfen Zitronensaft in die Schnittstelle träufeln.

Zubereitung

Die Butter in einer Pfanne erhitzen und die ungewürzten Koteletts bei mittlerer Hitze etwa 10 Minuten braun braten. Für die Soße den Senf und die Eigelbe mit einem Rührstab verquirlen, Das Öl in einem dünnen Strahl unter ständigem Rühren dazugießen. Kräftig aufschlagen, bis eine Creme entsteht. Nun die Petersilie und die Cornichons dazugeben. Herzhaft mit Salz, Pfeffer und Zitronensaft abschmecken. Die Koteletts aus der Pfanne nehmen, salzen, pfeffern und wieder in die Pfanne geben. Auf jeder Seite nochmals etwa 5 Minuten braten.

Servieren

Die Koteletts auf vorgewärmten Tellern mit den Gurkenscheiben anrichten und jeweils mit einem Klecks Soße versehen. Dazu passt eine Portion Bratkartoffeln und ein frisches Kölsch.

Merkzettel

„Köbes" ist die Bezeichnung für einen Kellner in einer kölschen Gaststätte.

Hämchen

Für 4 Personen
Zubereitungszeit: 15 Minuten
Koch- & Bratzeit: 1½ Stunde

Einkaufsliste/Zutaten

4 gepökelte Hämchen (Eisbeine)
3 Zwiebeln
3 Lorbeerblätter
1 Tl grob zerstoßene Wacholderbeeren
1 Tl Pfefferkörner
2 Gewürznelken
3 Pimentkörner

Vorküche

Die Hämchen unter fließendem Wasser gründlich abwaschen und mit einem sauberen Küchenhandtuch trockentupfen. Einen großen Topf mit Wasser aufsetzen und alle Gewürze einmal kurz aufkochen lassen.

Zubereitung

Die Hämchen in das kochende Wasser geben und bei mäßiger Hitze etwa 1½ Stunden köcheln lassen. Das Fleisch muss so weich sein, dass es sich fast vom Knochen löst. Am Ende der Garzeit die Hämchen aus dem Kochsud heben und abtropfen lassen.

Servieren

Die Hämchen auf vorgewärmten Tellern anrichten. Als Beilage passt ein Röggelchen oder Kartoffelpüree mit Sauerkraut. Unbedingt notwendig ist ein Klecks scharfer Mostert (Senf). Als Getränk ist Kölsch zu empfehlen und zur besseren Bekömmlichkeit ein Glas eiskalter Korn.

Merkzettel

Hämchen sind die kölsche Version des bekannten Eisbeins. Durch das Pökelsalz bekommt das Hämchenfleisch eine schöne Rosafärbung und erhält zusätzlich mehr Aroma.

Wild & Geflügel

Martinsgans

Für 6 Personen
Zubereitungszeit: 20 Minuten
Koch- & Bratzeit: 2½ Stunden

Einkaufsliste/Zutaten

1 Gans (4–6 kg)
Salz
Weißer Pfeffer aus der Mühle
4–5 Äpfel
1 Sträußchen Beifuß
1 Schuss Cognac
1 El Kartoffelmehl
Küchengarn

Garnierung

Glasierte Maronen

Vorküche

Die Gans kalt abwaschen, trockentupfen und innen sowie außen salzen und pfeffern. Die in Stücke geschnittenen Äpfel mit dem Beifuß in das Innere geben und die Öffnung mit Küchengarn zunähen.

Zubereitung

Die Gans mit der Brustseite nach unten in einen Bräter legen, mit ¼ l kochendem Wasser übergießen und im auf 190 °C vorgeheizten Backofen etwa 1 Stunde braten. Zwischendurch das Fett abschöpfen und die Gans immer wieder mit kochendem Wasser übergießen. Nach der Stunde die Gans wenden und die Brust bräunen lassen. Die Hitze auf 180 °C reduzieren und weitere 1½ Stunden garen. In der letzten Viertelstunde die Gans nicht mehr mit Wasser begießen, sondern entweder mit kaltem Wasser oder etwas Cognac bestreichen. Die Gans bekommt so eine besonders knusprige Haut. Die Gans aus dem Bräter heben und warm stellen. Die Soße entfetten und mit in etwas Wasser aufgelöstem Kartoffelmehl binden. Soße noch einmal abschmecken und gegebenenfalls nachwürzen.

Servieren

Die Gans auf einer vorgewärmten Platte anrichten, mit den glasierten Maronen garnieren und die Soße separat dazu reichen. Als Beilage passen Kartoffelklöße und Rotkohl.

Merkzettel

Gänsefleisch ist sehr kalorienreich und damit schwer verdaulich. Zur besseren Verdauung ist darum unbedingt ein kalter Schnaps zu empfehlen.

Höhnerjemangs

Für 4 Personen
Zubereitungszeit: 30 Minuten
Koch- & Bratzeit: 1¼ Stunde

Einkaufsliste/Zutaten

1 Suppenhuhn (1½ kg)
Salz
Weißer Pfeffer aus der Mühle
3 El Butter
2 El Mehl
1 Zwiebel
1 Gewürznelke
1 Petersiliensträußchen
2 Eigelbe
5 El saure Sahne
2 El Kapern
125 ml trockener Weißwein

Garnierung

Petersilienblättchen

Vorküche

Das Huhn unter kaltem Wasser abwaschen, abtrocknen, salzen und pfeffern. In einem großen Topf 2 El Butter erhitzen und das Huhn darin im geschlossenen Topf 10 Minuten dünsten. Das Mehl über das Huhn stäuben und erneut kurz dünsten.

Zubereitung

Das Huhn mit etwa 1 l kochendem Wasser übergießen. Die Zwiebel mit der Nelke spicken und zum Huhn in den Topf geben. Das Petersiliensträußchen unter fließendem Wasser abspülen und ebenfalls dazugeben. Alles bei mittlerer Hitze 1 Stunde kochen lassen. Das Huhn aus dem Topf nehmen, etwas abkühlen lassen, das Fleisch ablösen und ohne Haut klein schneiden. Die Eigelbe mit der sauren Sahne vermischen und mit ½ l Hühnerbrühe aufgießen. Die Kapern und den Weißwein dazugeben und abschmecken. Die Soße leicht erwärmen, über das Hühnerfleisch gießen und gut vermischen.

Servieren

Das Frikassee mit Reis auf Tellern anrichten und mit einigen Petersilienblättchen dekorieren. Als Getränk schmeckt ein Glas des Weißweins, den man zum Kochen verwandt hat.

Merkzettel

Das Suppenhuhn muss wenigstens eine Stunde kochen. Verwenden Sie ein Hähnchen oder eine Poularde, verkürzt sich die Kochzeit auf 40 Minuten.

Gefüllter Fasan „Rheinische Art“

Für 4 Personen
Zubereitungszeit: 20 Minuten
Koch- & Bratzeit: 1¼ Stunden

Einkaufsliste/Zutaten

Für die Füllung

2 El Butter
2 El Speisestärke
100 g Schweinehackfleisch
25 g Räucherspeck
50 g Hühnerleber
Salz
Weißer Pfeffer aus der Mühle
1 Eigelb
80 g gehackte Champignons
2 El Cognac

Für den Fasan

1 Fasan
Salz
Weißer Pfeffer aus der Mühle
100 g durchwachsener,
in Scheiben geschnittener Speck
1 Tasse Fleischbrühe
1 Tl Speisestärke
5 El Sahne
Küchengarn

Garnierung

Glasierte Maronen

Vorküche

Butter und Speisestärke zu einem Brei verarbeiten und mit dem Hackfleisch mischen. Räucherspeck klein würfeln und anbraten, bis er glasig geworden ist. Leber dünsten, salzen, pfeffern und sehr klein schneiden. Alles mit Eigelb, gehackten Pilzen, Cognac, Salz und Pfeffer vermischen und in den gewaschenen Fasan füllen. Die Bauchöffnung mit Küchengarn zunähen.

Zubereitung

Den Fasan außen salzen und pfeffern. Mit Speckscheiben umwickeln, in einen Bräter legen und die Fleischbrühe angießen. Im geschlossenen Topf im vorgeheizten Backofen etwa 45 Minuten bei 200 °C schmoren. In dieser Zeit mehrmals mit Bratensaft begießen. Den Deckel vom Bräter nehmen und weitere 20 Minuten bei 180 °C fertig braten. Die Speisestärke mit der Sahne vermischen und damit den Bratenfond binden.

Servieren

Den Fasan in 4 Portionsstücke teilen und mit der Füllung auf vorgewärmten Tellern anrichten. Die Soße separat dazu reichen. Dazu passen Salzkartoffeln, Rosenkohl oder glasierte Maronen.

Merkzettel

Junge Fasane haben kurze, stumpfe Sporen und sind besonders schmackhaft.

Entenbraten

Für 4 Personen
Zubereitungszeit: 45 Minuten
Bratzeit: 1½ Stunden

Einkaufsliste/Zutaten

1 küchenfertige Ente
5 große Kartoffeln
2 rote Zwiebeln
100 g durchwachsener Speck
1 Bund Schnittlauch
1 Bund Petersilie
1 Knoblauchzehe
3 Schalotten
Salz
Schwarzer Pfeffer aus der Mühle
1 El Majoran
1 Tl Thymian
½ l Gemüsebrühe
1 El Kartoffelstärke
Küchengarn

Garnierung

Einige Petersiliensträußchen

Vorküche

Die Ente unter fließendem Wasser innen und außen gründlich waschen und trockentupfen. Kartoffeln in der Schale 20 Minuten kochen, pellen und durch ein Sieb drücken. Die roten Zwiebeln und den Speck fein würfeln und beides in einer Pfanne glasig anschwitzen. Schnittlauch und Petersilie waschen und fein hacken. Knoblauch schälen und mit etwas Salz im Mörser zerreiben. Die Schalotten in Streifen schneiden.

Zubereitung

Alle vorbereiteten Zutaten in einer Schüssel miteinander vermischen. Salzen, pfeffern, Majoran und Thymian zufügen und gut unterarbeiten. Die Mischung in die Ente füllen und die Bauchöffnung mit Küchengarn zunähen. Die Ente mit den Händen rundherum in Form bringen. Die so vorbereitete Ente in einen Schmortopf legen und von außen pfeffern und salzen. Die Schalottenstreifen um die Ente verteilen und im offenen Bräter im vorgeheizten Backofen bei 220 °C 30 Minuten braten. Nun die Gemüsebrühe angießen und weitere 60 Minuten garen. In dieser Zeit die Ente immer wieder mit der Brühe begießen. Die Ente aus dem Bräter heben, im Backofen unter Alufolie warm halten. Den Bratensaft aufkochen und mit der in wenig Wasser angerührten Kartoffelstärke binden.

Servieren

Servieren Sie die Ente mit Petersilie garniert auf einer Platte. Reichen Sie die Soße separat dazu. Zur Ente passen Apfelrotkohl und Klöße.

Merkzettel

Die Ente benötigt zum Braten kein zusätzliches Fett. Es tritt beim Braten genug Entenfett aus.

Wildkaninchen mit Küchenkräutern

Für 4 Personen
Zubereitungszeit: 30 Minuten
Bratzeit: 1¼ Stunde

Einkaufsliste/Zutaten

1 küchenfertiges Wildkaninchen
Salz
Schwarzer Pfeffer aus der Mühle
1 Bund Petersilie
1 Bund Schnittlauch
1 Bund Estragon
5 El Öl
¾ l lieblicher Weißwein
¼ l Sahne
1 Tl Kartoffelstärke

Garnierung

Einige Zitronenschnitze

Vorküche

Das Kaninchen waschen, trockentupfen und in portionsgerechte Stücke teilen. Alle Stücke mit Salz und Pfeffer einreiben. Alle Kräuter waschen, trockenschleudern und fein hacken.

Zubereitung

In einem Bräter das Öl erhitzen und die Kaninchenteile von allen Seiten anbraten. Sie sollen eine schöne, braune Farbe bekommen. Nun den Weißwein angießen und den Bräter in den auf 200 °C vorgeheizten Backofen stellen. 40–45 Minuten darin schmoren lassen. Die Kaninchenteile aus dem Schmorfond heben und warm stellen. Alle gehackten Kräuter in den Fond geben. Die Sahne mit der Kartoffelstärke verrühren und damit den Soßenfond binden. Noch einmal mit Pfeffer und Salz abschmecken.

Servieren

Servieren Sie die Kaninchenteile auf einer Platte mit einigen Zitronenschnitzen garniert. Reichen Sie die Soße separat mit Salzkartoffeln.

Merkzettel

Wer keinen Wein verwenden möchte, kann als Ersatz Gemüsebrühe verwenden.

Wildschweinbraten

Für 4 Personen
Zubereitungszeit: 30 Minuten
Koch- & Bratzeit: 1 Stunde

Einkaufsliste/Zutaten

1 kg Wildschwein
Salz
Schwarzer Pfeffer aus der Mühle
1 Tl Majoran
10 im Mörser zerdrückte Wacholderbeeren
125 g in Scheiben geschnittener Speck
30 g Butter
1 fein gewürfelte Zwiebel
1 fein gewürfelte Möhre
1 fein gewürfelte Petersilienwurzel
250 ml Fleischbrühe
250 ml Rotwein
125 ml Sahne
20 g Kartoffelmehl

Garnierung

Preiselbeerkompott

Vorküche

Das Fleisch waschen, gut abtrocknen und von allen Häuten und Sehnen befreien. Mit Salz, Pfeffer, Majoran und den zerdrückten Wacholderbeeren von allen Seiten gut einreiben. Fest mit den Speckscheiben umwickeln.

Zubereitung

In einem Bräter die Butter erhitzen und die fein gewürfelte Zwiebel, Möhre und Petersilienwurzel andünsten. Das Fleisch dazulegen und etwa 1 Stunde braten. Mehrmals mit Fleischbrühe und Rotwein aufgießen. Braten herausnehmen und warm stellen. Die Sahne mit der Speisestärke vermischen und damit die Soße binden.

Servieren

Den Braten in Scheiben schneiden und auf einer Fleischplatte anrichten. Die Soße separat dazu reichen. Als Beilage passen Salzkartoffeln, Preiselbeerkompott und der gleiche Rotwein, der zum Kochen verwandt wurde.

Merkzettel

Wildschwein ist im gut sortierten Wildhandel das ganze Jahr über erhältlich.

Rehrücken nach Hausfrauenart

Für 6 Personen
Zubereitungszeit: 25 Minuten
Koch- & Bratzeit: 50 Minuten

Einkaufsliste/Zutaten

Rehrücken mit Knochen, ca. 900 g, vom Wildhändler enthäutet, entsehnt und pariert
2 Sternanis
2 Tl Koriandersaat
2 Gewürznelken
1 kleine Zimtstange
2 Tl weiße Pfefferkörner
Salz
4 El Öl

Vorküche

Den Rehrücken unter fließendem Wasser waschen und abtrocknen. Sternanis, Koriander, Nelken, Zimt und Pfeffer in einem Mörser gut zerstoßen. Die Fleischseite des Rehrückens mit der Gewürzmischung gut einreiben.

Zubereitung

Den Rehrücken salzen, in einem Bräter oder einer großen Pfanne in Öl auf der Fleischseite anbraten. Im vorgeheizten Backofen bei 160 °C etwa 40 Minuten braten.
Den Rehrücken aus dem Backofen nehmen, mit Alufolie abdecken und 10 Minuten ruhen lassen

Servieren

Die beiden Rückenfilets vom Knochen lösen, in Medaillons schneiden und wieder an den Knochen legen. Den Rehrücken auf einer Platte anrichten und mit rohen Kartoffelknödeln servieren. Als Gemüsebeilage passt Rotkohl.

Merkzettel

Lassen Sie sich vom Wildhändler die Rehleber mitgeben. Sie gilt als besondere Wilddelikatesse und ist in Mehl gewendet und in Butter gebraten für jeden Waidmann ein Muss.

Fischgerichte

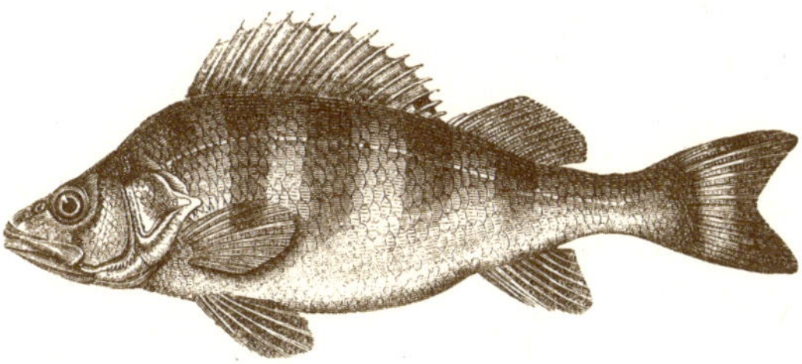

Heringsstipp

Für 4 Personen
Zubereitungszeit: 1 Stunde

Einkaufsliste/Zutaten

8 Matjesfilets
5 Pimentkörner
4 Wacholderbeeren
2 rote Zwiebeln
2 Gewürzgurken
2 säuerliche Äpfel
2 El Zitronensaft
1 Bund Dill
150 g Mayonnaise
1 Becher saure Sahne
2 Lorbeerblätter
1 Prise Zucker
1 Prise Salz
Weißer Pfeffer aus der Mühle

Garnierung

Salatblätter und Dillzweige

Vorküche

Die Matjesfilets 30 Minuten in kaltes Wasser legen. Pimentkörner und Wacholderbeeren im Mörser leicht andrücken. Zwiebeln schälen und in feine Ringe schneiden. Die Gewürzgurken fein würfeln. Die Äpfel waschen, vierteln und vom Kerngehäuse befreien. In feine Spalten schneiden. Sofort mit Zitronensaft beträufeln, damit sie nicht braun werden. Den Dill waschen, trockentupfen und fein hacken.

Zubereitung

Aus Mayonnaise, saurer Sahne und allen Gewürzen eine Soße rühren. Zwiebelringe, Gurkenwürfel und die Apfelspalten unterheben.

Servieren

Die Matjesfilets aus dem Wasser nehmen, gründlich trockentupfen und auf einer Platte anrichten. Teilweise mit der Soße bedecken, mit Salatblättern und Dillzweigen garnieren.

Merkzettel

Matjesfilets sind sehr salzig. Daher bitte sehr sparsam mit dem Salz umgehen und nur eine kleine Prise benutzen.

Gebratener Rheinlachs

Für 4 Personen
Zubereitungszeit: 20 Minuten
Koch- & Bratzeit: 30 Minuten

Einkaufsliste/Zutaten

600 g kleine, fest kochende Kartoffeln
(pro Person 3 Stück)
Salz
4 Lachskoteletts, je 250 g
Weißer Pfeffer aus der Mühle
5 El Zitronensaft
2 gehäufte El Mehl
100 g Butter
4 El fein gewiegte Petersilie

Garnierung

Petersilienbutter
1 unbehandelte,
in Scheiben geschnittene Zitrone

Vorküche

Die Kartoffeln schälen und in reichlich Salzwasser etwa 20 Minuten garen. Die Kartoffeln dürfen nicht zu weich werden, sonst zerfallen sie. Abschütten und ausdämpfen lassen. Die Lachskoteletts waschen, trockentupfen, salzen, pfeffern und mit Zitronensaft beträufeln. Das Mehl auf einen Teller geben und die Koteletts darin wenden.

Zubereitung

Die Hälfte der Butter in einer Pfanne zerlassen und die Lachskoteletts darin von beiden Seiten etwa 5 Minuten braten. Aus der Pfanne heben und warm stellen. Die restliche Butter in der Pfanne schmelzen und mit der Petersilie mischen.

Servieren

Die Lachskoteletts auf vorgewärmten Tellern anrichten, die Kartoffeln dazugeben und mit der Petersilienbutter beträufeln. Auf jedes Lachskotelett eine Zitronenscheibe legen und servieren. Als Getränk schmeckt dazu ein Glas kühler Weißwein.

Merkzettel

In früheren Zeiten gab es viele Lachse im Rhein und als preiswerte Speise waren sie deshalb für das Hauspersonal der Kölner Bürgerhäuser beliebt.

Muscheln „Rheinische Art“

Für 4 Personen
Zubereitungszeit: 25 Minuten
Kochzeit: 10 Minuten

Einkaufsliste/Zutaten

4 kg Miesmuscheln
500 ml Weißwein
½ in Stücke gewürfelte Sellerieknolle
1 große, in kleine Stücke geschnittene Möhre
3 dicke, geviertelte Zwiebeln
3 Lorbeerblätter
5 Wacholderbeeren
1 El weiße, grob zerstoßene Pfefferkörner
1 Tl Meersalz
4 Scheiben Schwarzbrot
Butter zum Bestreichen

Garnierung

Petersilie

Vorküche

Die Muscheln unter fließendem Wasser gründlich waschen, mit einer Bürste abbürsten und alle Muschelbärte entfernen. Den Weißwein in einen hohen Topf füllen, mit dem Gemüse und allen Gewürzen einmal kräftig aufkochen lassen.

Zubereitung

Die Muscheln in den Topf geben und zehn Minuten kochen lassen. Wenn sich alle Muscheln geöffnet haben, sind sie gar. Alle noch geschlossenen Muscheln aussortieren und entsorgen. Sie sind nicht genießbar.

Servieren

Die fertigen Muscheln in vorgewärmten Suppentellern anrichten, mit etwas Brühe übergießen und mit Petersilie garnieren. Noch heiß zu Tisch bringen und eine Scheibe gebuttertes Schwarzbrot dazu reichen.
Als Getränk schmeckt dazu ein Glas Bier.

Merkzettel

Im Rheinland werden Muscheln auch heute noch in den Monaten zubereitet, die mit einem „r" enden. Das hat nichts mit altem Aberglauben zu tun, sondern ist lediglich auf die kühleren Außentemperaturen zurückzuführen. In allen anderen Monaten war es schlicht zu warm, um die Muscheln, die von der niederländischen Küste kamen, noch im genießbaren Zustand ins Rheinland zu transportieren.

Kabeljau nach Hausfrauenart

Für 4 Personen
Zubereitungszeit: 20 Minuten
Koch- & Bratzeit: 20 Minuten

Einkaufsliste/Zutaten

800 g Kabeljaufilet
Salz
4 El Zitronensaft
Butter für die Auflaufform
250 ml Weißwein
2 El Butter
2 in feine Ringe geschnittene Zwiebeln
30 g durchwachsener, gewürfelter Speck
2 El Mehl
2 Eigelbe
Weißer Pfeffer aus der Mühle

Garnierung

Gedünstete Zwiebelringe

Vorküche

Das Kabeljaufilet waschen, abtrocknen, leicht salzen und mit Zitronensaft beträufeln. Eine Auflaufform mit Butter ausstreichen und das Filet hineinlegen.

Zubereitung

Den Weißwein angießen (etwas zurückbehalten) und die Form für 20 Minuten in den auf 180 °C vorgeheizten Backofen stellen. In einer Pfanne die Butter schmelzen, darin die Zwiebelringe und die Speckwürfel andünsten. Das Mehl darüber stäuben und mit etwas Kochflüssigkeit vom Fisch auffüllen. Die Eigelbe mit dem restlichen Wein verquirlen und zur Zwiebel-Speck-Masse geben. Gut unterrühren und herzhaft mit Salz und Pfeffer würzen.

Servieren

Das Filet aus dem Ofen nehmen und mit der Soße übergießen. Mit gedünsteten Zwiebelringen garnieren, heiß zu Tisch bringen und Salzkartoffeln dazu reichen.

Merkzettel

In der Kabeljauleber steckt besonders viel Vitamin D. Aus ihr wird der klassische Lebertran gemacht.

Eingelegte Bratheringe

Für 4 Personen
Zubereitungszeit: 40 Minuten (ohne Wartezeit)
Koch- & Bratzeit: 30 Minuten

Einkaufsliste/Zutaten

8 küchenfertige grüne Heringe
3 El Zitronensaft
3 rote Zwiebeln
¼ l Weinessig
1 Tl Salz
10 schwarze Pfefferkörner
2 Lorbeerblätter
200 g Zucker
6 El Mehl
5 El Öl

Garnierung

Einige Petersilienblättchen

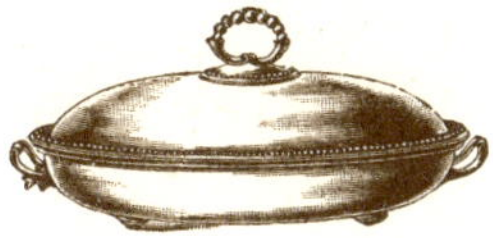

Vorküche

Die Heringe waschen, trockentupfen, mit Zitronensaft beträufeln und 15 Minuten ziehen lassen. Zwiebeln schälen und in Ringe schneiden. 375 ml Wasser, Weinessig, ½ Tl Salz, Pfefferkörner, Lorbeerblätter und Zucker einen Sud mischen und zum Kochen bringen. Er muss so lange kochen, bis sich der Zucker vollständig aufgelöst hat. Weitere 375 ml Wasser dazugießen und die Marinade abkühlen lassen.

Zubereitung

Das restliche Salz mit dem Mehl vermischen und die Heringe darin gründlich wenden. Sie müssen ganz vom Mehl bedeckt sein. Das Öl in einer großen Pfanne erhitzen und die Heringe von jeder Seite ca. 5 Minuten braten. Die Fische in einer rechteckigen Form anordnen und die Marinade darüber gießen.
Gut 24 Stunden in der Marinade ziehen lassen.

Servieren

Servieren Sie die Bratheringe in der Form und reichen Sie dazu frische Bratkartoffeln.

Merkzettel

Die Bratheringe halten sich im Kühlschrank in der Marinade mit Frischhaltefolie abgedeckt bis zu 5 Tage.

Karpfen blau

Für 4 Personen
Zubereitungszeit: 15 Minuten
Koch- & Bratzeit: 50 Minuten

Einkaufsliste/Zutaten

1 Karpfen (ca. 1 kg)
Salz
2 El Essig
250 ml Schlagsahne
2 El geriebener Meerrettich
Zitronensaft
Zucker

Garnierung

Zitronenscheiben

Vorküche

Den ausgenommenen, aber nicht geschuppten Karpfen innen mit Salz einreiben und außen mit heißem Essig übergießen, wodurch er seine blaue Farbe erhält. Auf eine feuerfeste Platte legen und mit Alufolie, die auf der Innenseite mit Öl bestrichen ist, abdecken.

Zubereitung

Den Karpfen auf der untersten Schiene des Backofens bei guter Hitze in 40–50 Minuten garen. Schlagsahne und Meerrettich mischen, mit Zitronensaft und Zucker abschmecken.

Servieren

Den Karpfen mit den Zitronenscheiben auf einer Platte anrichten und die Soße separat dazu reichen. Der im eigenen Saft gegarte Karpfen behält sein volles Aroma.
Als Beilage schmecken Salzkartoffeln und ein frischer Blattsalat.

Merkzettel

Dieses traditionelle Karpfenrezept wird oft zu Weihnachten oder Silvester als Festessen serviert. Zu große und alte Fische schmecken oft „moosig". Ein Karpfen von etwa 1 kg ist am besten geeignet.

Gedünsteter Hecht

Für 4 Personen
Zubereitungszeit: 20 Minuten
Koch- & Bratzeit: 45 Minuten

Einkaufsliste/Zutaten

1 Hecht (ca. 1,5–2 kg)
125 g Speck
2 Paprikaschoten
1 Zwiebel
250 g Tomaten
1 Tl Salz
1 Prise Zucker
¼ l Weißwein
1 El Mehl

Garnierung

Gehackte Petersilie

Vorküche

Den Hecht säubern und innen salzen. Einen Teil des Specks würfeln, in der Pfanne glasig werden lassen, dann die entstielten, entkernten, in Streifen geschnittenen Paprikaschoten und die zu Würfeln geschnittenen Zwiebeln dazugeben und ca. 15 Minuten dünsten. Die gehäuteten und geschnittenen Tomaten salzen und mit einer Prise Zucker würzen, dazugeben und weitere 3 Minuten dünsten.

Zubereitung

Den Hecht mit dem Bauch nach unten auf das gedünstete Gemüse stellen und mit etwas Wasser und Weißwein aufgießen. Mit den restlichen Speckstreifen belegen und zugedeckt 20–30 Minuten dünsten. Den Hecht herausnehmen und warm stellen. Das Mehl mit Wasser glatt rühren, damit den Sud binden und nochmals kurz aufkochen lassen.

Servieren

Den Hecht auf einer vorgewärmten Platte anrichten, mit dem Gemüse umkränzen und mit der Petersilie bestreuen. Als Beilage passen Salzkartoffeln dazu.

Merkzettel

Der Hecht ist ein Raubfisch und kann bis zu 7 kg schwer werden. Am besten schmecken die jungen Hechte bis zum 2. Lebensjahr.

Geräucherte Forellenfilets mit Sahnemeerrettich

Für 4 Personen
Zubereitungszeit: 40 Minuten

Einkaufsliste/Zutaten

2 geräucherte Forellen, je etwa 300 g
200 ml Sahne
4 El frisch geriebener Meerrettich
1 Prise Salz
1 Prise Zucker
1 unbehandelte Zitrone

Garnierung

Hauchdünn geschnittene Zitronenscheiben

Vorküche

Die Forellen häuten und filetieren, dabei auch die kleinsten Gräten entfernen. Die Sahne sehr steif schlagen und mit Meerrettich, Salz und Zucker vermischen. Die Masse in einen Spritzbeutel mit großer Sterntülle füllen. Aus der Zitronenmitte hauchdünne Scheiben schneiden.

Zubereitung

Die Filets der Länge nach halbieren und auf einer runden Platte sternförmig anordnen. Die Meerrettichsahne auf die Forellenfilets spritzen. Mit den Zitronenscheiben garnieren.

Servieren

Servieren Sie die Forellenfilets mit feinem Kastenweißbrot, das Sie in Dreiecke geschnitten haben.

Merkzettel

Geräucherte Forellenfilets mit Meerrettichsahne sind eine schnell zubereitete Vorspeise.

Desserts & Kuchen

Prummetaat

Für 4 Personen
Zubereitungszeit: 30 Minuten
Backzeit: 30 Minuten

Einkaufsliste/Zutaten

250 ml lauwarme Milch
10 g Hefe
200 g Zucker
3 Eigelbe
1 Tütchen Vanillezucker
160 g Butter
500 g Weizenmehl
1 kg gewaschene, entkernte und halbierte Pflaumen

Garnierung

Hagelzucker

Vorküche

Die lauwarme Milch in eine Schüssel gießen. Die Hefe hineinbröseln und mit einer Gabel auflösen. Die Hälfte vom Zucker sowie die Eigelbe und den Vanillezucker zufügen und gut vermischen. An einem warmen Ort abgedeckt gehen lassen. Den restlichen Zucker mit 150 g warmer Butter schaumig rühren. Den Vorteig dazugeben und nach und nach, unter kräftigem Rühren, das gesiebte Weizenmehl unterarbeiten.

Zubereitung

Ein Backblech mit der restlichen Butter auspinseln und den Teig darauf verteilen. Darauf die Pflaumen mit der aufgeschnittenen Seite nach oben verteilen. Die Pflaumen leicht in den Teig eindrücken. Das Backblech in den auf 200 °C vorgeheizten Backofen schieben und 25–30 Minuten auf der mittleren Schiene backen. Das Backblech aus dem Ofen nehmen und großzügig mit Hagelzucker bestreuen.

Servieren

Den Kuchen in Portionsstücke aufschneiden und mit einem Klecks Schlagsahne servieren.

Merkzettel

Pflaumen haben viel Vitamin A, B und C sowie Mineralstoffe wie Kalzium, Kalium, Eisen und Magnesium. Pflaumen sind nicht lange haltbar und müssen nach der Ernte gleich weiterverarbeitet werden.

Krabbele

Für 4 Personen
Zubereitungszeit: 20 Minuten
Backzeit: 10 Minuten

Einkaufsliste/Zutaten

3 Eigelbe
120 g Zucker
2 Prisen Salz
1 Päckchen Backpulver
500 g Mehl
1 Spritzer Rosenwasser
(in der Apotheke erhältlich)
250 ml lauwarme Milch
3 Eiweiße
150 g Rosinen
1 kg Schweineschmalz

Garnierung

Puderzucker

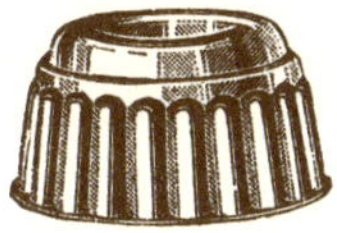

Vorküche

Die Eigelbe mit Zucker und der Prise Salz vermischen.
Das Backpulver unter das gesiebte Mehl mischen und in eine Schüssel füllen. Eigelbmasse, Rosenwasser und lauwarme Milch zufügen und mit dem Handrührgerät gut vermischen.
Die Eiweiße mit einer Prise Salz sehr steif schlagen und mit den Rosinen unter den Teig mischen.

Zubereitung

Das Schweineschmalz in einer Friteuse auf 180 °C erhitzen.
Vom Teig Klöße im Durchmesser von etwa 3 cm formen und 3–4 Minuten im heißen Fett ausbacken.

Servieren

Die Krabbele auf einem mit Küchenpapier ausgelegten Teller abtropfen lassen. Mit Puderzucker bestreuen und handwarm servieren.

Merkzettel

Krabbele sind ein Gebäck, das gerne zur karnevalistischen Kaffeetafel gereicht wird.

Muuzemändelche

Für 4 Personen
Zubereitungszeit: 30 Minuten
Backzeit: 10 Minuten

Einkaufsliste/Zutaten

80 g Butter
70 g Zucker
1 Ei
1 Eigelb
4 cl Rum
250 g Mehl
100 ml lauwarme Milch
1 Prise Salz
1 Spritzer Rosenwasser (in der Apotheke erhältlich)
Reichlich Fett zum Ausbacken in der Friteuse

Vorküche

Die Butter schmelzen und langsam mit Zucker, Ei und Eigelb schaumig rühren. Den Rum zufügen, nach und nach das gesiebte Mehl und die lauwarme Milch unterarbeiten. Zum Schluss 1 Prise Salz und den Spritzer Rosenwasser zufügen. Der Teig muss eine feste Konsistenz haben.

Zubereitung

Mit zwei Teelöffeln die Muuzen aus dem Teig abstechen. Indem man die Löffel immer wieder gegeneinander streift, bekommen die Muuzen ihre Tropfenform. Das Fett in der Friteuse auf etwa 180 °C erhitzen. Im siedenden Fett die Muuzen goldbraun ausbacken.

Servieren

Zum Abtropfen die Muuzen auf Küchenpapier legen. Danach reichlich mit Puderzucker bestreuen und mit einer Tasse Kaffee reichen.

Merkzettel

Muuzemändelche sind wie die Krabbele ein typisches Backwerk für die Karnevalstage.

Stiefe Ries met Zimt und Zucker

Für 4 Personen
Zubereitungszeit: 10 Minuten
Koch- & Garzeit: 20 Minuten

Einkaufsliste/Zutaten

100 g Milchreis
500 ml Milch
3 El Zucker
20 g Butter
1 El geriebene Schale einer unbehandelten Zitrone
1 Prise Salz

Garnierung

2 Tl Zimt
4 El Zucker

Vorküche

Den Reis in ein Sieb geben und mit kaltem Wasser abspülen. Die Milch mit Zucker, Butter, Zitronenschale und der Prise Salz zum Kochen bringen.

Zubereitung

Den Reis dazugeben und auf kleinster Stufe im geschlossenen Topf mehr quellen als kochen lassen.

Servieren

Den Reis in Portionsschalen füllen und mit einer Mischung aus Zimt und Zucker bestreut servieren.

Merkzettel

Milchreis mit Zimt und Zucker ist gut bekömmlich und schmeckt sowohl warm als auch kalt.

Rhabarberkompott

Für 4 Personen
Zubereitungszeit: 15 Minuten
Koch- & Garzeit: 20 Minuten

Einkaufsliste/Zutaten

500 g Rhabarber
150 g Zucker
3 El Himbeersirup
1 El geriebene Schale einer unbehandelten Zitrone

Garnierung

125 ml süße Sahne

Vorküche

Den ungeschälten, aber gewaschenen Rhabarber in etwa 2 cm lange Stücke schneiden. Löst sich die Haut in langen Fäden, wird sie abgezogen.

Zubereitung

Die Rhabarberstücke mit Zucker bestreuen, in einen Topf geben und bei schwacher Hitze 20 Minuten gar dünsten.
Himbeersirup und Zitronenschale zugeben und erkalten lassen.

Servieren

Den Rhabarber in Schälchen verteilen und mit einem Klecks süßer Sahne reichen.

Merkzettel

Rhabarberkompott ist besonders an heißen Sommertagen sehr erfrischend.

Register